Blätter zusammengeweht

AF217496

Blätter zusammengeweht

Gedichte und Bilder

Herausgegeben und illustriert von
Ulrichadolf Namislow

Reclam

Inhalt

Reise mit Blättern

Ein Buch ist ein Baum mit seinen Blättern.

Was ist eine Blätter-Anthologie?
Blätter, Blätter, ein Zigeuner-, ein Papagoyer-Baum leuchtendster fremdländischster Farben.

Der Dichter ist ein Baum, sein Lebtag hat er mit Blättern zu tun. Neue erschaffen, die alten vergessen, verbrennen wohl gar.
Die Blätter fallen, der Baum wird gefällt.

Die Blutbuche in meiner Kindheit, die ein Kleid sein konnte.
Oder in dieser Gegend die Pappeln ...
Rauschen wie Regen oder das Meer.

In einer kleinen zubetonierten Stadt am Rhein, zu der es mich auf einer Lesereise hingeweht hat, waren das Schönste drei alte Kastanien mit ihren frischaufgespannten Blättern, den Blütenkerzen. Als ich der jungen Frau, die ihr Restaurant, ihr kleines Hotel als »Haus des guten Geschmacks« auswies, davon spreche, sagt sie, diese Bäume aber machten viel Dreck, andauernd Arbeit. Die klebenden Blätterschuppen, die man ins Haus trägt, im Herbst Zentner von Laub. Eu Gott, von diesen Blättern leben wir, flocht ich dazwischen.

Ein Buch ist ein Baum mit seinen Blättern.
Ein Buch aufschlagen ist oftmals der Beginn einer Lesereise. Wer zu lesen gelernt hat oder ein Naturtalent ist, er hat mit diesem Reclam-Bändchen mehr als die teuerste TV-Maschine erworben: bestes Kino im Kopp will sich ereignen, unzählige Reisen unter Bäumen stehen ins Haus, *die Blättlein auf grünen Füßen / springen zum Tanz.*

Sarah Kirsch

GEBET AN APHRODITE

Komm hierher ... zum weihevollen
Heiligtum! Da blüht ein Gehölz von leichten
Apfelbäumen, und auf Altären quillen
Wolken des Weihrauchs.

Kühle Wasser gehen gesangreich durch die
Apfelzweige, Rosen beschatten alle
Hänge, traumlos rieselt der leichte Schlaf von ihren
Bebenden Blättern.

Überblüht von Blumen der Frühlingstage
Sinkt die Trift ins Feuchte hinab, den Pferden
Nahrung gebend. Leise veratmet seinen
Ruch das Aniskraut.

Komm doch, Kypris, waltend an dieser Stätte!
Und im Gold der Krüge vermisch den Nektar
Mit dem zarten Duften der Festesfreude!
Gib uns zu trinken!

Sappho

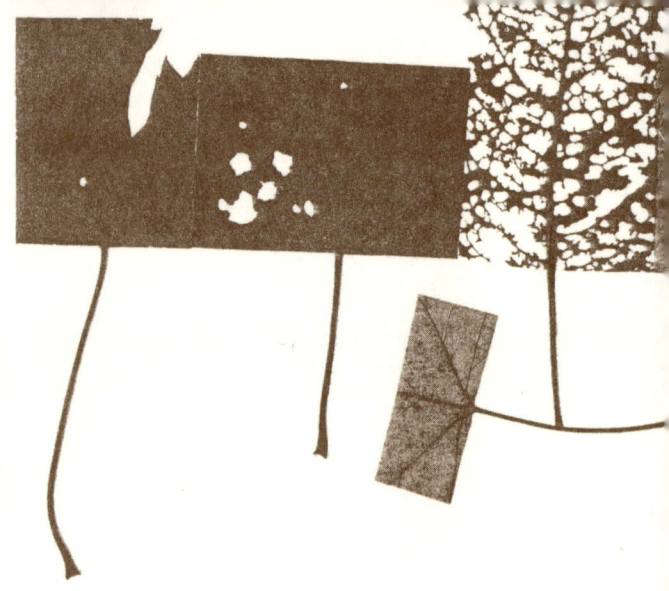

HERZ IM FRÜHLING

Lenzlich im Garten der Nymphen, dem unentweihten,
Stehen die Bäume in Blüte, kydonische Quitten,
Immer erquickt von dem Wasser des strömenden Flusses;
Dort auch im Schutz überschattender Blätter gedeihen
Knospend die Blüten der Rebe.
Aber in mir ruht die Liebe zu keiner Stunde.
Wie unter leuchtenden Blitzen der thrakische Nordwind
Wütet, so stürmt gegen mich von Kypris geleitet
Eros, der sinnbetörend und rasend mit Unheil
Drohend die Seele erschüttert.

Ibykos

DIE SCHLAFENDE VENUS

Die Sonne hatte kaum den Mittag heiß gemacht,
Als Venus ganz ermatt ihr eine Höhl erwählet,
Wo weder Schlaf noch Ruh noch kühler Schatten fehlet
Und wo ein Rebenblatt gab dunkelgrüne Nacht,
In die ein linder West mit sanftem Rauschen spielte
Und so der Göttin Herz und müde Seele kühlte.
Sie warf die Sternen-Pracht, die Glieder in das Gras;
Der Blumen höchster Wunsch war so gedrückt zu werden,
Die Nelke schien ein Feur, die Ros ein Stern der Erden,
Die Veilg ein blau Saphir, die Lilg ein Spiegelglas,
Und Venus goldnes Haupt entschlief nur auf Narzissen.
Jasminen legten sich zu Pfühl und Unterkissen:
So lag die Lust der Welt ohn alle Kleider bloß,
Indem die volle Brust die Trauben Nachbar nannte
Und der belebte Schnee von zwei Rubinen brannte.
Hold, Freude, Lieb und Gunst ruht in der Schönen
                              Schoß,
Der süß geschwollne Mund war etwas
                              aufgeschlossen . . .

CLAUDIANUS

Seht, meine Wortblätter treiben im Winde. Sie treiben in den milchigen Himmel hinein. – O heiliges Immerdar der Freude! Der Tau legte seine Tränen nieder zu Füßen der Bäume. Mein Herz ist von ernstem Gelächter umspült wie ein Felsen vom Absturz der Wellen.

TSURAYUKI

DIE WEISHEITSSUCHER

Das reichste Buch: die Schriften der Natur.
Auf hunderttausend Blättern tiefstes Wissen,
lebendige Lehre. Lässig lesen sie
die heiligen Zeichen, träg und stumpfen Sinns –
doch forschen gierig in vergilbten Blättern
verstaubter Folianten nach dem Heil.

HAFIS

LIED

Mondsichel im Dämmerlicht, ein Pavillon.
Vertrautes Gespräch wendet die Seele
    und macht leicht trunken.
Kennt man wirklich das Herz anderer Menschen?
Alter Haß und neue Liebe folgen einander.
Wer sieht sie?
Wer sieht sie?
Auf Korallenkissen die roten,
    glitzernden Tränenspuren.

Baumblätter ohne Ordnung am Heimweg.
Woher kommt der Staub auf den Schuhen
    und der Duft im Gewande?
Neuigkeiten jagen sich,
    halb beständig und vergänglich.
Wieviel Gedanken der Sehnsucht
    erfüllen sich heute nacht?
Herbstregen.
Herbstregen.
Die Hälfte wird vom Herbstwind fortgeweht.

NA-LAN HSING-DÖ

MIT EINEM GEMALTEN BAND

Kleine Blumen, kleine Blätter
Streuen mir mit leichter Hand
Gute junge Frühlingsgötter
Tändelnd auf ein luftig Band.

Zephyr, nimm's auf deine Flügel,
Schling's um meiner Liebsten Kleid!
Und so tritt sie vor den Spiegel
All in ihrer Munterkeit.

Sieht mit Rosen sich umgeben,
Selbst wie eine Rose jung:
Einen Blick, geliebtes Leben!
Und ich bin belohnt genung.

Fühle, was dies Herz empfindet,
Reiche frei mir deine Hand,
Und das Band, das uns verbindet,
Sei kein schwaches Rosenband!

JOHANN WOLFGANG GOETHE

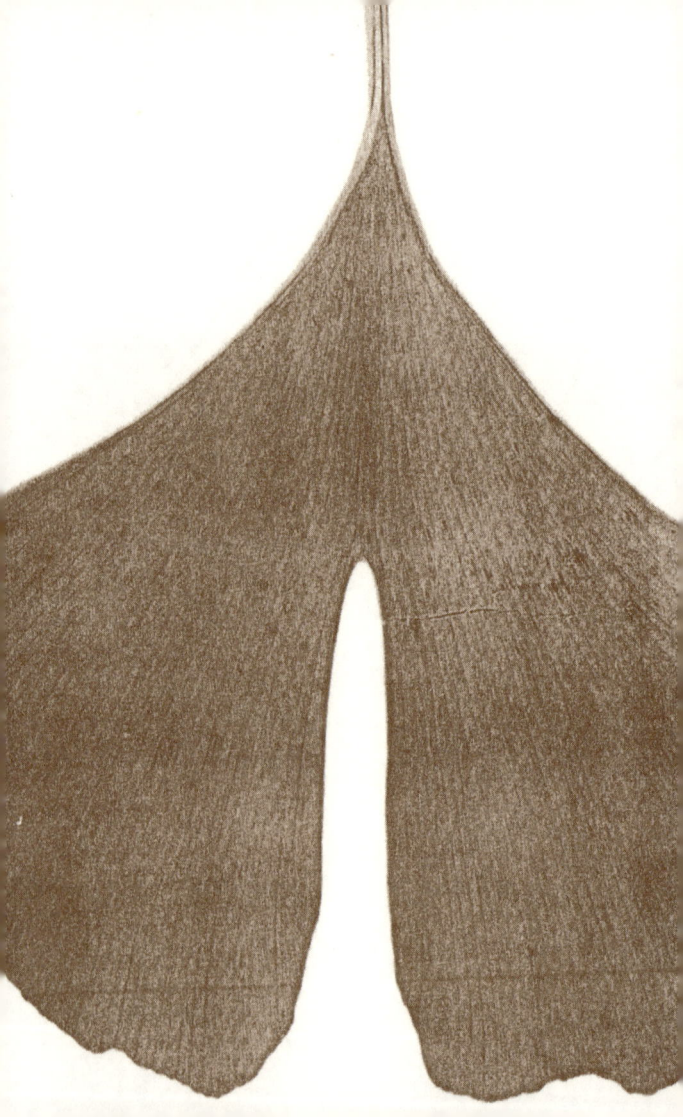

GINGO BILOBA

Dieses Baums Blatt, der von Osten
Meinem Garten anvertraut,
Gibt geheimen Sinn zu kosten,
Wie's den Wissenden erbaut.

Ist es ein lebendig Wesen,
Das sich in sich selbst getrennt?
Sind es zwei, die sich erlesen,
Daß man sie als eines kennt?

Solche Frage zu erwidern,
Fand ich wohl den rechten Sinn;
Fühlst du nicht an meinen Liedern,
Daß ich eins und doppelt bin?

JOHANN WOLFGANG GOETHE

DIE MUSSE

Sorglos schlummert die Brust und es ruhn die strengen
Gedanken.
Auf die Wiese geh ich hinaus, wo das Gras aus der
Wurzel
Frisch, wie die Quelle, mir keimt, wo die liebliche Lippe
der Blume
Mir sich öffnet und stumm mit süßem Othem mich
anhaucht,
Und an tausend Zweigen des Hains, wie an brennenden
Kerzen,
Mir das Flämmchen des Lebens glänzt, die rötliche Blüte,
Wo im sonnigen Quell die zufriednen Fische sich regen,
Wo die Schwalbe das Nest mit den törigen Jungen
umflattert,
Und die Schmetterlinge sich freun und die Bienen, da
wandl ich
Mitten in ihrer Lust; ich steh im friedlichen Felde
Wie ein liebender Ulmbaum da, und wie Reben und
Trauben
Schlingen sich rund um mich die süßen Spiele des Lebens.

Oder schau ich hinauf zum Berge, der mit Gewölken
Sich die Scheitel umkränzt und die düstern Locken im
Winde
Schüttelt, und wenn er mich trägt auf seiner kräftigen
Schulter,
Wenn die leichtere Luft mir alle Sinne bezaubert
Und das unendliche Tal, wie eine farbige Wolke,
Unter mir liegt, da werd ich zum Adler, und ledig des
Bodens
Wechselt mein Leben im All der Natur wie Nomaden den
Wohnort.
Und nun führt mich der Pfad zurück ins Leben der
Menschen,
Fernher dämmert die Stadt, wie eine eherne Rüstung

Gegen die Macht des Gewittergotts und der Menschen
geschmiedet,
Majestätisch herauf, und ringsum ruhen die Dörfchen;
Und die Dächer umhüllt, vom Abendlichte gerötet,
Freundlich der häusliche Rauch; es ruhn die sorglich
umzäunten
Gärten, es schlummert der Pflug auf den gesonderten
Feldern.

Aber ins Mondlicht steigen herauf die zerbrochenen
Säulen
Und die Tempeltore, die einst der Furchtbare traf, der
geheime
Geist der Unruh, der in der Brust der Erd und der
Menschen
Zürnet und gärt, der Unbezwungne, der alte Eroberer,
Der die Städte, wie Lämmer, zerreißt, der einst den
Olympus
Stürmte, der in den Bergen sich regt, und Flammen
herauswirft,
Der die Wälder entwurzelt und durch den Ozean hinfährt
Und die Schiffe zerschlägt und doch in der ewigen
Ordnung
Niemals irre dich macht, auf der Tafel deiner Gesetze
Keine Silbe verwischt, der auch dein Sohn, o Natur, ist,
Mit dem Geiste der Ruh aus Einem Schoße geboren. –

Hab ich zu Hause dann, wo die Bäume das Fenster
umsäuseln
Und die Luft mit dem Lichte mir spielt, von
menschlichem Leben
Ein erzählendes Blatt zu gutem Ende gelesen:
Leben! Leben der Welt! du liegst wie ein heiliger Wald da,
Sprech ich dann, und es nehme die Axt, wer will, dich zu
ebnen,
Glücklich wohn ich in dir.

Friedrich Hölderlin

AN EIN FALLENDES BLATT

Siehe der Winter deckt mit dem schimmernden Schnee die
                    Fluren
Und es weichet das Grün[,] Stürme durchwehn den Baum
Reißen das treueste Blatt mit Ungestüme herunter
Siehe dort gaukelt es hin, sausenden Lüften ein Spiel[.]
Einstens vom Alter beschneyt verfliegt so im ruhigen
                    Tode
Schnell wie Erschaffung dem hohen Gedanken des Ewigen
                    folget
Schwebt zu der Wonne mein Geist, welche dem
                    Sterblichen harrt
Welcher, was Vorsehung gab, zufrieden und Freudevoll
                    annahm
Menschen so viel er gekannt heiter und glücklich gemacht.

NOVALIS

SELIGES VERGESSEN

Im Winde fächeln,
Mutter, die Blätter,
Und bei dem Säuseln
Schlummre ich ein.

Über mir schwanken
Und spielen die Winde,
Wiegen so linde
Das Schiff der Gedanken,
Wie wenn ohne Schranken
Der Himmel mir offen,
Daß still wird mein Hoffen
Und Frieden ich finde,
Und bei dem Säuseln
Schlummre ich ein.

Erwachend dann sehe,
Als ob sie mich kränzen,
Rings Blumen ich glänzen,
Und all meine Wehen
Verschweben, vergehen,
Der Traum hält sie nieder,
Und Leben gibt wieder
Das Flüstern der Blätter,
Und bei dem Säuseln
Schlummre ich ein.

JOSEPH VON EICHENDORFF

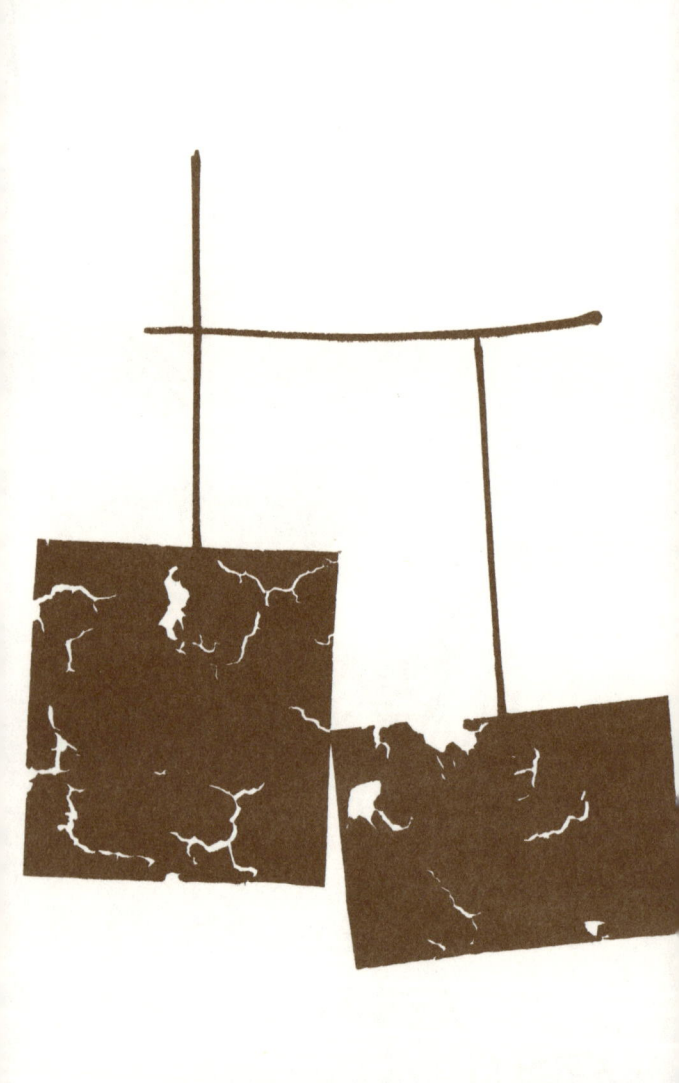

Das gelbe Laub erzittert,
Es fallen die Blätter herab –
Ach, Alles, was hold und lieblich,
Verwelkt und sinkt ins Grab.

Die Wipfel des Waldes umflimmert
Ein schmerzlicher Sonnenschein;
Das mögen die letzten Küsse
Des scheidenden Sommers sein.

Mir ist, als müßt ich weinen
Aus tiefstem Herzensgrund;
Dies Bild erinnert mich wieder
An unsre Abschiedsstund.

Ich mußte dich verlassen,
Und wußte, du stürbest bald!
Ich war der scheidende Sommer,
Du warst der sterbende Wald.

HEINRICH HEINE

So oft mir ward eine liebe Stund
Unterm blauen Himmel im Freien,
Da habe ich, zu des Gedenkens Bund,
Mir Zeichen geflochten mit Treuen:
Einen schlichten Kranz, einen wilden Strauß,
Ließ drüber die Seele wallen;
Nun stehe ich einsam im stillen Haus
Und sehe die Blätter zerfallen.

ANNETTE VON DROSTE-HÜLSHOFF

DIE LINDE

»Ich breite über ihn mein Blätterdach,
So weit ich es vom Ufer strecken mag.
Schau her, wie langaus meine Arme reichen,
Ihm mit den Fächern das Gewürm zu scheuchen,
Das hundertfarbig zittert in der Luft.
Ich hauch ihm meines Odems besten Duft,
Und auf sein Lager laß ich niederfallen
Die lieblichste von meinen Blüten allen;
Und eine Bank lehnt sich an meinen Stamm,
Da schaut ein Dichter von dem Uferdamm,
Den hör ich flüstern wunderliche Weise
Von mir und dir und der Libell' so leise,
Daß er den frommen Schläfer nicht geweckt;
Sonst wahrlich hätt die Raupe ihn erschreckt,
Die ich geschleudert aus dem Blätterhag.
Wie grell die Sonne blitzt! schwül wird der Tag.
O könnt ich, könnt ich meine Wurzeln strecken
Recht mitten in das tief kristallne Becken,
Den Fäden gleich, die, grünlicher Asbest,
Schaun so behaglich aus dem Wassernest,
Wie mir zum Hohne, der im Sonnenbrande
Hier einsam niederlechzt vom Uferrande.«

Annette von Droste-Hülshoff

WIE MEIN KIND SICH FREUEN KANN!

Wie mein Kind sich freuen kann!
Sieht es nur ein Licht,
Sieht es nur ein Blümchen an,
Lächelt sein Gesicht.

Welche Freude wird es sein,
Wenn's im Frühlingsfeld
Laufen kann im Sonnenschein
Durch die Blumenwelt!

Wie's die Händchen dann erhebt
Nach dem Schmetterling!
Wie's nach allem hascht und strebt!
Nichts ist ihm gering.

Und das Hälmchen in dem Ried
Und das Blatt am Strauch,
Alles, alles, was es sieht,
Alles freut es auch.

Und wie wird die Freude sein
In der Sommernacht,
Wenn der Mond mit güldnem Schein
Ihm entgegenlacht!

Freue dich, mein liebes Kind!
Wer sich freuen kann,
Ist, sobald er nur beginnt,
Schon ein beßrer Mann!

AUGUST HEINRICH HOFFMANN
VON FALLERSLEBEN

Das Gewitter ist vollbracht,
Stille ward die Nacht;
Heiter in die tiefsten Gründe
Ist der Himmel nach dem Streite;
Wer die Waldesruh verstünde
Wie Merlin, der Eingeweihte!

Frühlingsnacht! kein Lüftchen weht,
Nicht die schwanksten Halme nicken,
Jedes Blatt, von Mondesblicken
Wie bezaubert, stille steht.

NIKOLAUS LENAU

SPAZIERGANG AM HERBSTABEND

Wenn ich abends einsam gehe
Und die Blätter fallen sehe,
Finsternisse niederwallen,
Ferne, fromme Glocken hallen:

Ach, wie viele sanfte Bilder,
Immer inniger und milder,
Schatten längst vergangner Zeiten,
Seh ich dann vorübergleiten.

Was ich in den fernsten Stunden,
Oft nur halb bewußt, empfunden,
Dämmert auf in Seel' und Sinnen,
Mich noch einmal zu umspinnen.

Und im inneren Zerfließen
Mein ich's wieder zu genießen,
Was mich vormals glücklich machte,
Oder mir Vergessen brachte.

Doch, dann frag ich mich mit Beben:
Ist so ganz verarmt dein Leben?
Was du jetzt ersehnst mit Schmerzen,
Sprich, was war es einst dem Herzen?

Völlig dunkel ist's geworden,
Schärfer bläst der Wind aus Norden,
Und dies Blatt, dies kalt benetzte,
Ist vielleicht vom Baum das letzte.

FRIEDRICH HEBBEL

Durch die wolkige Maiennacht
Geht ein leises Schallen,
Wie im Wald die Tropfen sacht
Auf die Blätter fallen.

Welch ein ahnungsreicher Duft
Quillt aus allen Bäumen!
Dunkel webt es in der Luft
Wie von Zukunftsträumen.

Da, im Hauch, der auf mich sinkt,
Dehnt sich all mein Wesen,
Und die müde Seele trinkt
Schauerndes Genesen.

Müde Seele, hoffe nur!
Morgen kommt die Sonne,
Und du blühst mit Wald und Flur
Hell in Frühlingswonne.

EMANUEL GEIBEL

APRIL

Das ist die Drossel, die da schlägt,
Der Frühling, der mein Herz bewegt;
Ich fühle, die sich hold bezeigen,
Die Geister aus der Erde steigen.
Das Leben fließet wie ein Traum –
Mir ist wie Blume, Blatt und Baum.

THEODOR STORM

SCHWARZSCHATTENDE KASTANIE

Schwarzschattende Kastanie,
Mein windgeregtes Sommerzelt,
Du senkst zur Flut dein weit Geäst,
Dein Laub, es durstet und es trinkt,
Schwarzschattende Kastanie!
Im Porte badet junge Brut
Mit Hader oder Lustgeschrei,
Und Kinder schwimmen leuchtend weiß
Im Gitter deines Blätterwerks,
Schwarzschattende Kastanie!
Und dämmern See und Ufer ein
Und rauscht vorbei das Abendboot,
So zuckt aus roter Schiffslatern
Ein Blitz und wandert auf dem Schwung
Der Flut, gebrochnen Lettern gleich,
Bis unter deinem Laub erlischt
Die rätselhafte Flammenschrift,
Schwarzschattende Kastanie!

CONRAD FERDINAND MEYER

Wie aus des Ostens Dunst im Siegeswagen
Die Sonne rollt an des Regierers Statt,
Geschöpf und Herr, in eigner Fülle satt,
Von selbsterzeugter Flamme Kraft getragen,

Und wie was Lebendes ihr zugewendet,
Das falbe Blatt, das ihre Strahlen greift,
Die Frucht, die still im Safte kochend reift,
An ihrem Übermaße sich vollendet,

So gehst du sonder Makel, sonder Gleichen,
Ein Siegender auf unbegangner Bahn
Gelassen durch der Menschenwelt Getriebe;

Und was wir ahnen als der Gottheit Zeichen,
Machst du erkennbar allen, die dir nahn:
Vollendung, deren Widerhall die Liebe.

RICARDA HUCH

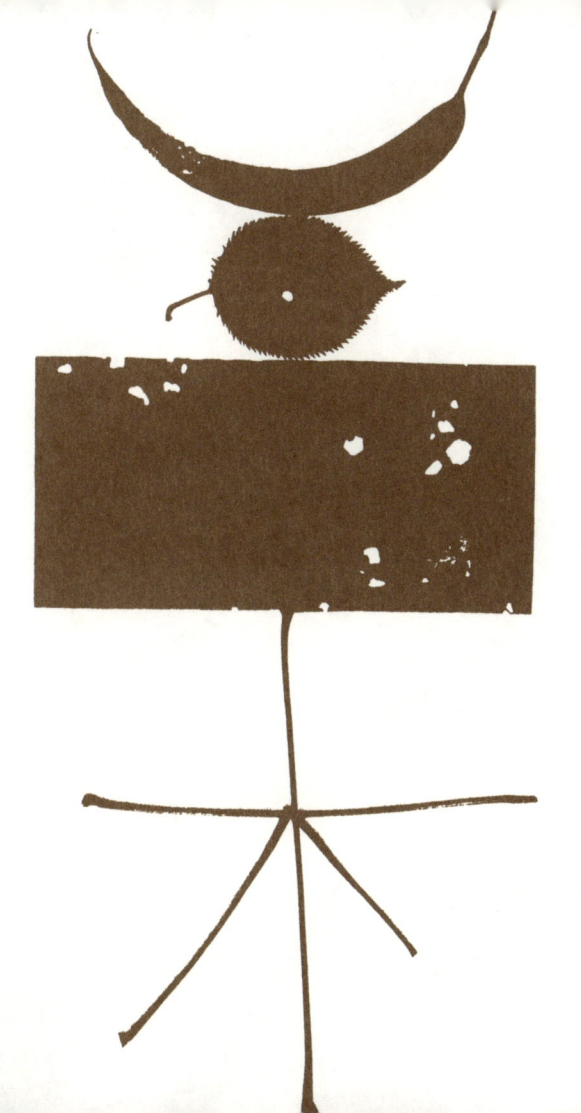

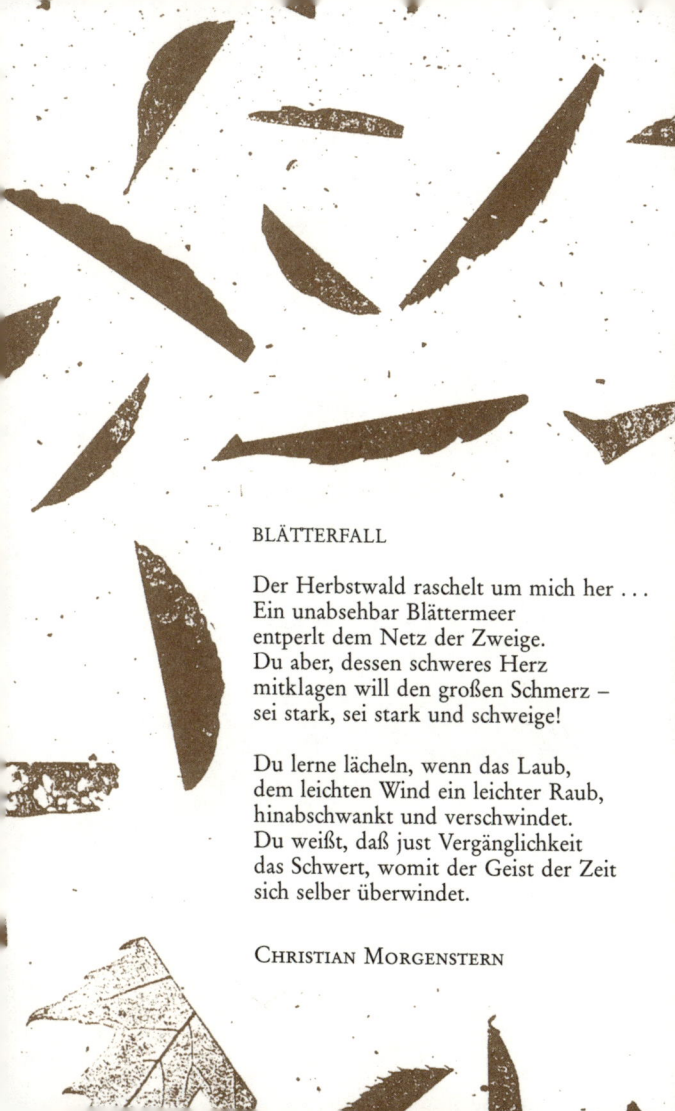

BLÄTTERFALL

Der Herbstwald raschelt um mich her ...
Ein unabsehbar Blättermeer
entperlt dem Netz der Zweige.
Du aber, dessen schweres Herz
mitklagen will den großen Schmerz –
sei stark, sei stark und schweige!

Du lerne lächeln, wenn das Laub,
dem leichten Wind ein leichter Raub,
hinabschwankt und verschwindet.
Du weißt, daß just Vergänglichkeit
das Schwert, womit der Geist der Zeit
sich selber überwindet.

CHRISTIAN MORGENSTERN

VOM ZEITUNGLESEN

Korf trifft oft Bekannte, die voll von Sorgen
wegen der sogenannten Völkerhändel. Er rät:
»Lesen Sie doch die Zeitung von übermorgen.

Wenn die Diplomaten im Frühling raufen,
nimmt man einfach ein Blatt vom Herbst zur Hand
und ersieht daraus, wie alles abgelaufen.

Freilich pflegt man es umgekehrt zu machen,
und wo käme die ›Jetztzeit‹ denn sonst auch hin!
Doch de facto sind das nur Usus-Sachen.«

CHRISTIAN MORGENSTERN

HERBSTTAG

Herr: es ist Zeit. Der Sommer war sehr groß.
Leg deinen Schatten auf die Sonnenuhren,
und auf den Fluren laß die Winde los.

Befiehl den letzten Früchten voll zu sein;
gieb ihnen noch zwei südlichere Tage,
dränge sie zur Vollendung hin und jage
die letzte Süße in den schweren Wein.

Wer jetzt kein Haus hat, baut sich keines mehr.
Wer jetzt allein ist, wird es lange bleiben,
wird wachen, lesen, lange Briefe schreiben
und wird in den Alleen hin und her
unruhig wandern, wenn die Blätter treiben.

RAINER MARIA RILKE

HERBST

Die Blätter fallen, fallen wie von weit,
als welkten in den Himmeln ferne Gärten;
sie fallen mit verneinender Gebärde.

Und in den Nächten fällt die schwere Erde
aus allen Sternen in die Einsamkeit.

Wir alle fallen. Diese Hand da fällt.
Und sieh dir andre an: es ist in allen.

Und doch ist Einer, welcher dieses Fallen
unendlich sanft in seinen Händen hält.

RAINER MARIA RILKE

HEIMLICH ZUR NACHT

Ich habe dich gewählt
Unter allen Sternen.

Und bin wach – eine lauschende Blume
Im summenden Laub.

Unsere Lippen wollen Honig bereiten,
Unsere schimmernden Nächte sind aufgeblüht.

An dem seligen Glanz deines Leibes
Zündet mein Herz seine Himmel an –

Alle meine Träume hängen an deinem Golde,
Ich habe dich gewählt unter allen Sternen.

ELSE LASKER-SCHÜLER

BAUM

Zerdachter Turm,
Runenfels,
Furchensäule,
Gerieftes Bewußtsein:
Wagst Weite und Wolken, wie du willst,
Dich splitternd in die Nuancen,
In die Scheine deiner Dunkelheit.
Welchem Geiste gelänge solche Verzweigung,
Welcher Weisheit solche Verästelung,
Welchem Raffinement solche Zerblätterung?
Baum!
In zitternde Strahlen zerlegst du
Deine Nervosität.
Aber deine Äste leimt zart
Sphärenblauer Eiter des Mittags, zerschichtet
    von den kupfer-goldnen Telegraphenhaaren der Spinne.
Sehr absichtlich trägst du
Epheu, modernes Moos
    und die auffallende Lyrik einiger Vögel.
. . . Doch, bitte,
Bäume dich,
Und wehre dem Einkleid,
Zu bedrohen
Deine
Différenciation.

FERDINAND HARDEKOPF

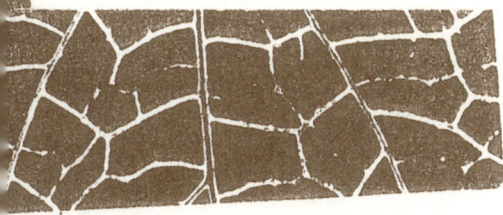

SEPTEMBER

Der Garten trauert,
Kühl sinkt in die Blumen der Regen.
Der Sommer schauert
Still seinem Ende entgegen.

Golden tropft Blatt um Blatt
Nieder vom hohen Akazienbaum.
Sommer lächelt erstaunt und matt
In den sterbenden Gartentraum.

Lange noch bei den Rosen
Bleibt er stehen, sehnt sich nach Ruh.
Langsam tut er die großen,
Müdgewordenen Augen zu.

HERMANN HESSE

APFEL-KANTATE

Der Apfel war nicht gleich am Baum.
Da war erst lauter Blüte.
Da war erst lauter Blütenschaum.
Da war erst lauter Frühlingstraum
und lauter Lieb und Güte.

Da waren Blätter grün an grün
und grün an grün nur Blätter.
Die Amsel nach des Tages Mühn,
sie sang ihr Abendlied gar kühn –
und auch bei Regenwetter.

Der Herbst, der macht die Blätter steif.
Der Sommer muß sich packen.
Hei! Daß ich auf dem Finger pfeif':
da sind die ersten Äpfel reif
und haben rote Backen!

HERMANN CLAUDIUS

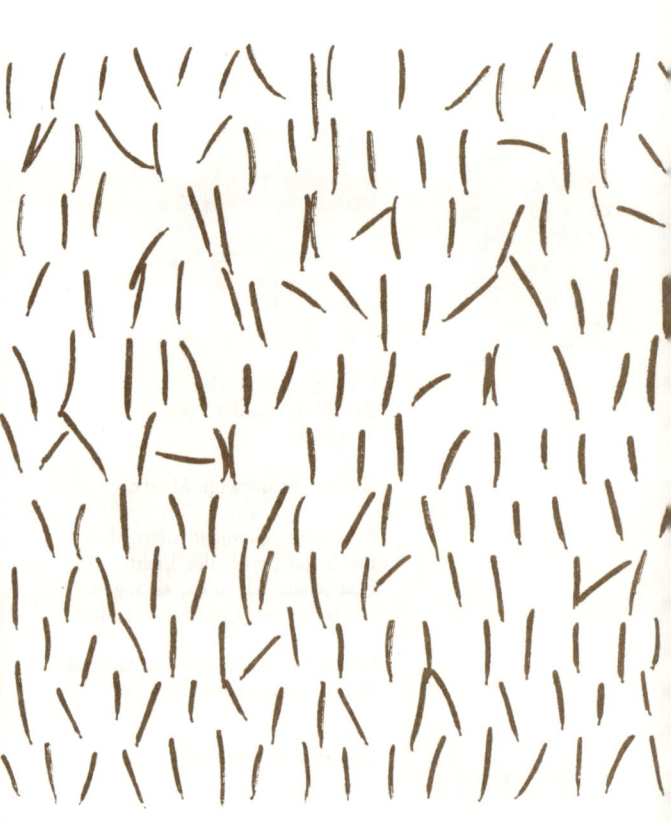

LANDREGEN

Der Regen rauscht. Der Regen
Rauscht schon seit Tagen immerzu.

Und Käferchen ertrinken
Im Schlammrinn an den Wegen. − −
Der Wald hat Ruh.
Gelabte Blätter blinken.

Im Regenrauschen schweigen
Alle Vögel und zeigen
Sich nicht.

Es rauscht urewige Musik.

Und dennoch sucht mein Blick
Ein Streifchen helles Licht.
Fast schäm ich mich, zu sagen:
Ich sehne mich nach etwas Staub.

Ich kann das schwere, kalte Laub
Nicht länger mehr ertragen.

JOACHIM RINGELNATZ

HERBSTRITORNELLE

Astern, ihr Sterne –
Noch immer ist Geburtstag, wenn ihr leuchtet –
Ich wußte nicht, daß Lachen sich verlerne.

Späte Gladiolen –
Die Mutter geht allein durch ihren Garten,
Die letzten Blumen für den Tisch zu holen.

Blutrote Rebe –
Die Bäume flammen golden auf zum Himmel.
Noch einmal lodert jedes Blatt: Ich lebe!

Novemberregen –
Oh, traurig Schlummerlied am Fenstersimse:
Wer müd ist, darf sein Herz zur Ruhe legen. –

Voll Chrysanthemen
Ist nun das Haus. Der tote Vater wird sie
Am andern Tage in sein Grab mitnehmen.

Und Efeu bitter
Grünt durch den Winter, wenn die Blumen starben.
Und rankt ergeben um das schwarze Gitter.

Ina Seidel

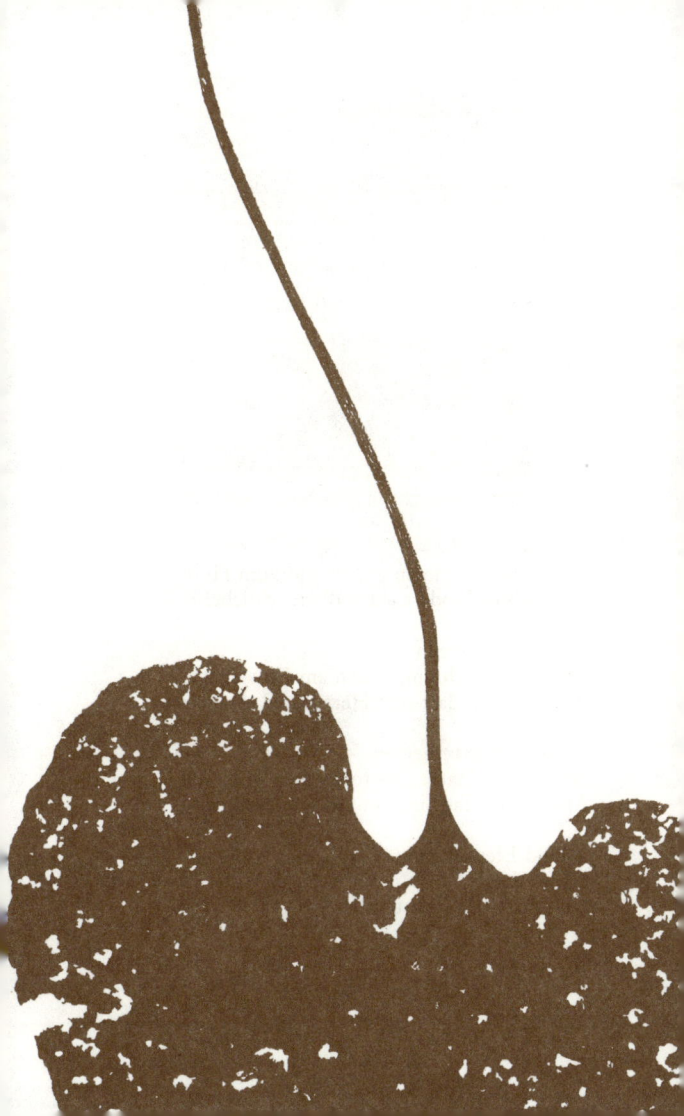

GÄRTEN UND NÄCHTE

Gärten und Nächte, trunken
von Tau und alter Flut,
ach, wieder eingesunken
dem bilderlosen Blut,
aus Wassern und aus Weiden
ein Atem, glutbewohnt,
verdrängt das Nichts, das Leiden
vom letzten, leeren Mond.

Ach, hinter Rosenblättern
versinken die Wüsten, die Welt,
laß sie den Rächern, den Rettern,
laß sie dem Held,
laß sie dem Siegfried, dem Hagen,
denke: ein Lindenblatt
das Drachenblut geschlagen
und die Wunde gegeben hat.

Nacht von der Schwärze der Pinien,
hoch von Planeten porös,
tief von Phlox und Glycinien
libidinös,
hüftig schwärmen die Horen,
raffen die Blüte, das Kraut
und verschütten mit Floren
Herkules' Löwenhaut.

Sinkend an sie, an beide,
ihr feuchtes Urgesicht,
ein Wasser und eine Weide,
du schauerst nicht –
mit Menschen nichts zu sagen
und Haus und Handeln leer,
doch Gärten und Nächte tragen
ein altes Bild dir her.

GOTTFRIED BENN

ICH WERDE GEGANGEN
Ich taumeltürme
Welkes windes Blatt
Häuser augen Menschen Klippen
Schmiege Taumel Wind
Menschen steinen Häuser Klippen
Taumeltürme blutes Blatt.

KURT SCHWITTERS

IN KEINER ZEIT

Dort war eine steinerne Wand,
Mit dunklem Efeu davor –
Wüsst ich, in welchem Land
Mir dies begann und verrann:

Bei schwarzen Blättern erschien
Ein Falter in weißem Kleid;
Kaum bestaunte ich ihn,
Ward ich im Glitzern ihm gleich,

Schwirrte gleich ihm vor der Wand,
Aus dunklem Efeu hervor –
Wüsst ich, in welchem Land
Mir dies begann und verrann:

Gab meinen Starrsinn dahin
Fürs weiße getigerte Kleid
Und hieß der Harlekin,
Fern wo, in keiner Zeit.

GEORG VON DER VRING

TIERHERBST

Schon balzt der Auerhahn, der bunte.
In den Äckerrinnen frieren Kaninchen.
Eine Gemse stürzt in den Gießbach.
Der Frosch entschläft.

Der Frost bereift die Flügel der letzten Fliege.
Der Fuchs ersehnt den hellen Winterpelz.
Geläut der Bäume, wenn die Blätter klingen.
Schlange raschelt durch totes Laub zum Bruder Strahl.

Wolken stürzen sich weinend in die Arme.
Elend des Abschieds, wenn der Wind verweht.
Erinnerung beglänzt den Bescheidenen.
Der erste Schnee. Ich möchte sterben gehn.

KLABUND

FRÜHLINGSNACHT

Der Mond steigt aus den Bäumen,
Die Nacht wird leicht.
Ins Frühlingsträumen und Schäumen
Der Wind hinstreicht.

Er spielt und webt den süßen
Klang in den Glanz;
Die Blättlein auf grünen Füßen
Springen zum Tanz.

Der Mond, der fette, runde,
Der keinen Zahn
Mehr hat im uralten Munde,
Fängt's Lachen an.

Da hört der Wind auf zu geigen,
Die Nacht wird schwer.
Die Blättlein erschrocken schweigen,
Keins rührt sich mehr.

EUGEN ROTH

1

Unrecht ist menschlich
Menschlicher aber
Kampf gegen Unrecht!
Machet aber doch halt auch hier
Vor dem Menschen, laßt ihn
Unversehrt, den Getöteten
Belehrt nichts mehr!
Schabe nicht, Messer, ab
Die Schrift mit der Unreinheit
Du behältst
Einzig ein leeres Blatt sonst
Mit Narben bedeckt!

2

Solch ein reinliches Blatt
Narbenbedeckt, laßt uns
Einfügen endlich dem Bericht von
Der Menschheit!

BERTOLT BRECHT

Schicke mir ein Blatt, doch von einem Strauche
Der nicht näher als eine halbe Stunde
Von deinem Haus wächst, dann
Mußt du gehen und wirst stark und ich
Bedanke mich für das hübsche Blatt.

BERTOLT BRECHT

DER ROSENSTRAUCH

Mit all der Fülle
des Sommers drang
aus jeder Hülle
ein Überschwang
von Licht und Rosen
und tat sich auf
und hing in losen
Gebinden zuhauf.

Nun geht ein trüber,
ein Silberhauch geht
am Herbsttag über
das Rosenbeet.
Es regt sich kein Treiben,
kein Quellen mehr,
die Ranken bleiben
von Blüten leer.

Nur eine trägt bange
ein spätes Licht
und trägt es lange
und läßt es nicht,
die kaum noch waltet,
die Blütengestalt,
hat sich entfaltet
zu lockerstem Halt.

Sie schließt das Geflimmer
noch eben ein
und zögert noch immer,
erloschen zu sein.
Sie bebt in der Stille,
halb schlafend, halb wach.
Da gibt ein Wille
im Innersten nach.

Ein heftiges Fließen
wie Wasser fast
vom Ast gewiesen
zu tieferem Ast.
Dann hat ein zweites,
ein drittes statt,
und unten schneit es
Blatt über Blatt.

Das letzte von allen,
das Blatt, das sich hält,
beginnt zu fallen
und fängt sich und fällt.
Und ragend ins Fahle
der leeren Bucht
zum ersten Male
begreift sich die Frucht.

MANFRED HAUSMANN

IM ERLENSCHATTEN, LIEBSTE

Im Erlenschatten, Liebste
im Erlenschatten, nicht.

Unter der Pappel, ja,
dem Weiß und Grün der Pappel.

Weißes Blatt du,
grünes Blatt ich.

RAFAEL ALBERTI

UNTER AHORNBÄUMEN

Die Sonne springt, ein weißes Geißlein,
von Ahornschatten schön gefleckt,
durchs dichte Gitter grüner Zweige,
wo sie sich scheu ins Goldne streckt.

Wie eine schnelle Töpferscheibe
dreht sich am Boden flach der Wind,
auf dem ein Blätterwirbel steht:

ein Napf aus Laub und andre Zeichen,
als liefen geisterhafte Füße
hell übers heiße Blumenbeet.

PETER HUCHEL

AUFPLATZENDES LAUB

Aufplatzendes Laub –
tropische Ästhetik.

Die sinnliche Blätterrede
im haltlosen Regen.

Ihre Erprobung in
schweigender Sonne.

Visuelles Ereignis:
Grün bis an die Augen
der Metaphoriker.

Im grünen Wetter schlafen
von Kindern gekritzelte Gesichter
Mund an Mund
unter Bäumen.

KARL KROLOW

LAUB

Romanische Tugend des Lichtes:

Lotrecht fällt es auf den Scheitel
einer Laubpyramide.

Segmente blauen Wassers
zu ihren Füßen.

Über eine Baumleiter
in den Himmel steigen!

Der wartet zerstreut,
unter sich den Sturzbach
der Blätter.

KARL KROLOW

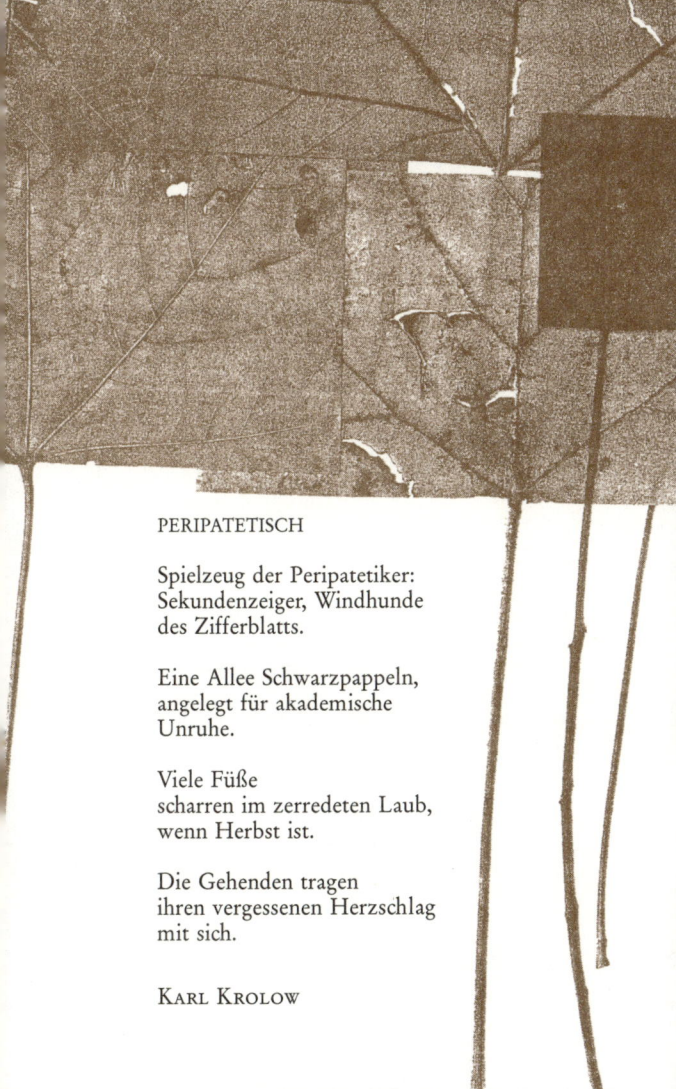

PERIPATETISCH

Spielzeug der Peripatetiker:
Sekundenzeiger, Windhunde
des Zifferblatts.

Eine Allee Schwarzpappeln,
angelegt für akademische
Unruhe.

Viele Füße
scharren im zerredeten Laub,
wenn Herbst ist.

Die Gehenden tragen
ihren vergessenen Herzschlag
mit sich.

KARL KROLOW

CORONA

Aus der Hand frißt der Herbst mir sein Blatt: wir sind
                        Freunde.
Wir schälen die Zeit aus den Nüssen und lehren sie gehn:
die Zeit kehrt zurück in die Schale.

Im Spiegel ist Sonntag,
im Traum wird geschlafen,
der Mund redet wahr.

Mein Aug steigt hinab zum Geschlecht der Geliebten:
wir sehen uns an,
wir sagen uns Dunkles,
wir lieben einander wie Mohn und Gedächtnis,
wir schlafen wie Wein in den Muscheln,
wie das Meer im Blutstrahl des Mondes.

Wir stehen umschlungen im Fenster, sie sehen uns zu von
                        der Straße:
es ist Zeit, daß man weiß!
Es ist Zeit, daß der Stein sich zu blühen bequemt,
daß der Unrast ein Herz schlägt.
Es ist Zeit, daß es Zeit wird.

Es ist Zeit.

PAUL CELAN

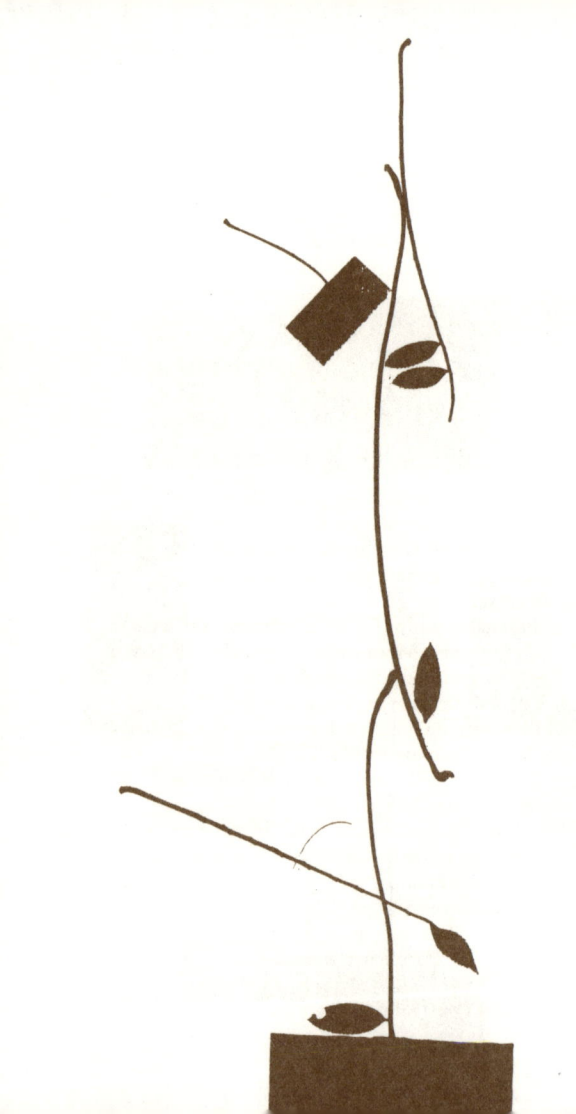

FREUDE AM SCHREIBEN

Wohin läuft die geschriebene Ricke durch den
                        geschriebenen Wald?
Etwa um vom geschriebenen Wasser zu trinken,
das ihr Geäse widerspiegelt wie Blaupapier?
Warum hebt sie den Kopf, ob sie was wittert?
Gestützt auf die vier der Wahrheit entliehenen Läufe,
spitzt sie die Lauscher in meinen Fingern.
Stille – auch diese Vokabel raschelt auf dem Papier
und streift
die vom Wörtchen »Wald« verursachten Zweige.
Über dem weißen Blatt lauern sprungbereit
die Buchstaben, die sich womöglich schlecht
belagernde Sätze,   ⌊einfügen werden,
ohne Hoffnung auf Rettung.
Der Tropfen Tinte hat einen ziemlichen Vorrat
an Jägern mit Späheraugen,
bereit, die steile Feder hinabzustürzen,
in Anschlag zu gehen, das Reh zu stellen.
Sie vergessen, hier gibt es kein Leben.
Hier herrschen andre Gesetze, schwarz auf weiß.
Hier dauert jeder Moment so lange, wie ich es will,
er läßt sich zerlegen in kleine Ewigkeiten,
voll Kugeln, die man im Fluge anhält.
Wenn ich befehle, passiert hier nichts von Dauer.
Kein Blatt fällt ohne meinen Willen,
kein Grashalm beugt sich vor dem Punkt des Hufs.
Es gibt also eine Welt,
deren unabhängiges Schicksal ich bestimme?
Eine Zeit, die ich mit Ketten von Zeichen binde?
Ein Sein, das beständig ist durch meine Verfügung?
Freude am Schreiben.
Möglichkeit des Erhaltens.
Vergeltung der sterblichen Hand.

WISŁAWA SZYMBORSKA

antipoden

ein blatt
und unter diesem
ein blatt
und unter diesem
ein blatt
und unter diesem
ein blatt
und unter diesem
ein tisch
und unter diesem
ein boden
und unter diesem
ein zimmer
und unter diesem
ein keller
und unter diesem
ein erdball
und unter diesem
ein keller
und unter diesem
ein zimmer
und unter diesem
ein boden
und unter diesem
ein tisch
und unter diesem
ein blatt
und unter diesem
ein blatt
und unter diesem
ein blatt
und unter diesem
ein blatt

ERNST JANDL

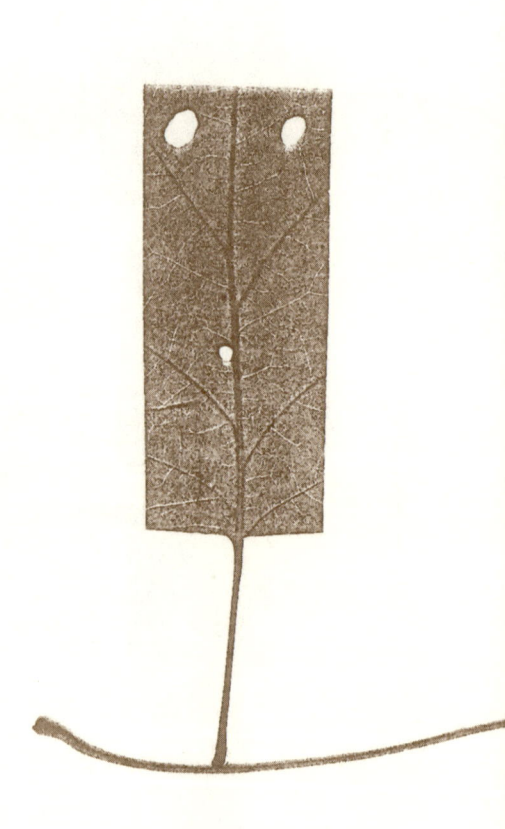

nichts und etwas

nichts im kopf
setze ich mich
an die maschine
spanne ein blatt ein
mit nichts darauf

mit etwas darauf
ziehe das blatt ich
aus der maschine
und lese als text
etwas aus meinem kopf

ERNST JANDL

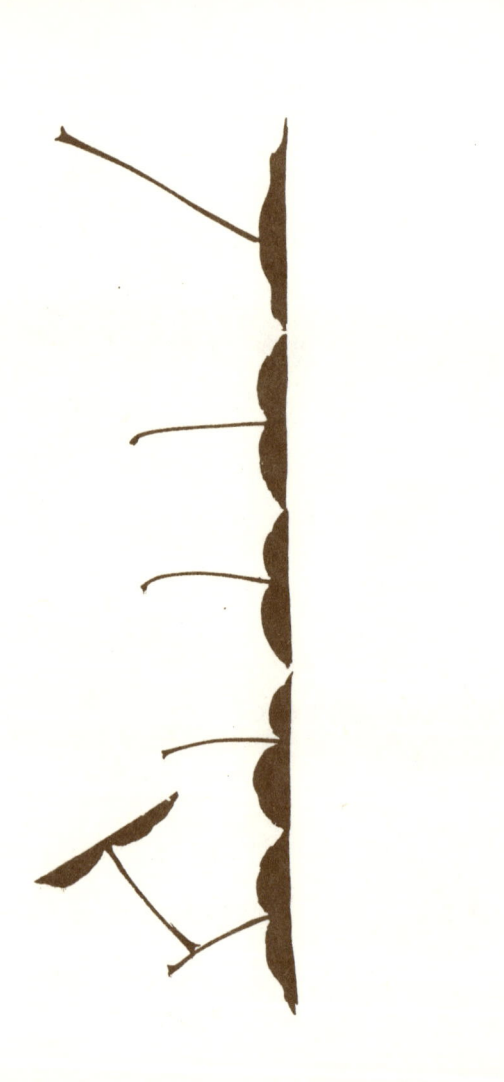

naturschauspiel

o schau
spiel
spiel

+

vögel
in betrieb

+

unhörbar
explodieren
schmetterlinge

+

die birke
zählt
ihre blätter

+

was soll
ein zahn tun
ein zaum

+

mücke
total
tot

+

die tür
geht

+

schierling
beim gebet

+

der meister
sei schreibend
sie mögen
auf zehenspitzen
flüsternd

ERNST JANDL

UNTER DEM WEINSTOCK

Unter dem Weinstock im Traubenlicht
reift dein letztes Gesicht.
Die Nacht muß das Blatt wenden.

Die Nacht muß das Blatt wenden,
wenn die Schale zerspringt
und aus dem Fruchtfleisch die Sonne dringt.

Die Nacht muß das Blatt wenden,
denn dein erstes Gesicht
steigt in dein Trugbild, gedämmt vom Licht.

Unter dem Weinstock im Traubenstrahl
prägt der Rausch dir ein Mal –
Die Nacht muß das Blatt wenden!

INGEBORG BACHMANN

AUCH GUT, WENN MAN AM SCHLUSS IN WASSER WINKT ...

Die Welt, die Welt, der Stoff hat Fuß gefaßt
– so wirklich war noch nie –
Wenn du die Luft nochmal zum Auferstehen hast,
vergeude, nutze sie.

Die Nacht hat unter Tränen sich geklärt,
es alles sitzt, es stimmt –
Schau, wie die Schönheit auseinanderschert,
die Farbe Form annimmt!

Blatt sich um Blatt errafft
(all dieses Ewige im leichten Kleid)
Mit bloß Erkenntnis kommst du hier nicht weit,
mit Kunst, will sagen Kraft.

Wenn früher Morgen sich die Lippen leckt,
Blau sich enttrübt;
eh einer groß im eignen Kopf aneckt,
soll sagen, was er liebt.

Weil was du liebst, das ist was du erprobst
als wär's zum ersten Mal:
einziger Mai mit Möwen überm Obst
und Silber im Kanal.

Ein Hauch Kastanienblüten auf dem Dach,
herrenlos hergeweht –
So komm und wirf mir einen kleinen Schatten nach,
der sowieso vergeht.

Halb da-wie-du, halb unbedingt,
leichtfüßig über Land geführten Talisman –
Auch gut, wenn man am Schluß in Wasser winkt,
und denkt ... es käme an ...

PETER RÜHMKORF

PARADISE REGAINED

Mal wieder ablaufend Tag, einschwebend Nacht,
Augen geschlossen, Augen vollkommen zugemacht,
Glieder hingestreckt, glattgestreift, ab in die Finsternis
                              dann –
Ach, berühr mich nochmal wie Ich-weiß-nicht-wer-wann.

Hoffnung: Bleistiftstrich, wo verliert er sich? Taube ruft
                              duckedigu.
Rühr meine Urne um, schlag den Deckel nicht zu.
Was mir zugrunde liegt, findet in sich keinen Sinn.
Ich will entwurzelt werden, ich will nicht mehr der ich
                              bin.

Ab wrack! – aus mach! – den Tag, den arbeitsteiligen.
Laß uns zuzweit, laß uns das Leben heiligen.
Da draußen in der Praxis ist das Gras noch grad grün,
und ich fühl was wie Abschied herzaufwärts von den
                              Knien.

Komm-komm, verrückt sind wir alle, oder etwa nicht?
Schweinsfarbene Dalie: aus siebzig Zungen ein Gesicht.
Willst du wissen, was schön ist? Bloß so: paar Blätter
                              zusammengeweht ...
Laß uns ein Beispiel bilden, das eigentlich nicht mehr
                              geht.

Und dann bet schön zum Himmelgott, er möge mir
                    Gnade vergönnen.
Ich habe von meinen Sünden nie leben können.
Ich hab nur immer gesagt, das ist doch zu und zu Scheiß,
daß ich euch, wenn ich wegsack, noch mit Geschirr
                    klimpern weiß.

Nein, ganz langsam abdanken, und zwar: gleich allemann
                    zuhauf.
Ich hab deine Lippen im Auge, mein Mund geht dir auf –
Lauter einleuchtendes Dunkel – wahnsinnig aber wahr:
Alles schwebt still seiner Wege, golden, mit Kletten im
                    Haar.

PETER RÜHMKORF

DAS LEERE BLATT

Das, was du jetzt in der Hand hältst, ist beinah weiß,
aber nicht ganz; etwas ganz Weißes gibt es nicht;
es ist glatt, hart, zäh, dünn, und für gewöhnlich
knistert es, fließt, knirscht, reißt, beinah geruchlos;
und so wie es ist, bleibt es nicht; es bedeckt sich
mit Lügen, saugt alle Schrecken auf, alle Widersprüche,
Träume, Ängste, Künste, Tränen, Begierden;
bis sie getrocknet sind, vergilbt, stockig, grau;
bis es aufweicht, im Regen, zerfällt, im Müll,
immer weniger wird; nur das beste vielleicht
– an dem vielleicht das, was keiner geschrieben hat,
das Beste ist: ein Fisch, ein Salzfaß, ein Stern,
ein Einhorn, ein Elefant oder ein Ochsenkopf,
Zeichen des Heiligen Lukas; das, was erscheint,
wenn du es gegen das Licht hältst – hält,
vielleicht, tausend Jahre, oder noch eine Minute.

HANS MAGNUS ENZENSBERGER

TONLOS

I

Schnee
deckt allen Rost.

Und macht sichtbar
was sich verbarg:
die Spur von Schritten.

Der vorbeifahrende Zug –
ein flüchtiger Verrat
an der Stille.

II

Die Flocken haben sich zusammengetan,
ohne aneinander zu leiden.

Im Ofen der Rest von Glut
leistet für dich
vorübergehenden Widerstand
gegen die Kälte.

Die Äpfel im Keller
bekommen Flecken.

Wenn du etwas sagtest,
geschähe es tonlos
in dieser Stunde ohne Bewegung.

Du siehst ein Blatt,
das sich gestern noch
dem Wind anvertraute,
eingefroren am Gehsteig.

Ein Blatt von dem Baum,
der den Sommer
langsam vergißt.

III

Wer Grippe hat, vermummt sich,
ehe er das Haus kurz verläßt.

Die Motoren der Autos
springen nicht an.

Überall hinter den Mauern
gibt es Leben,
das in die Enge getrieben wurde.

Die Kälte ist gut.
Bazillen, Beschönigungen
kommen darin um.

WALTER HELMUT FRITZ

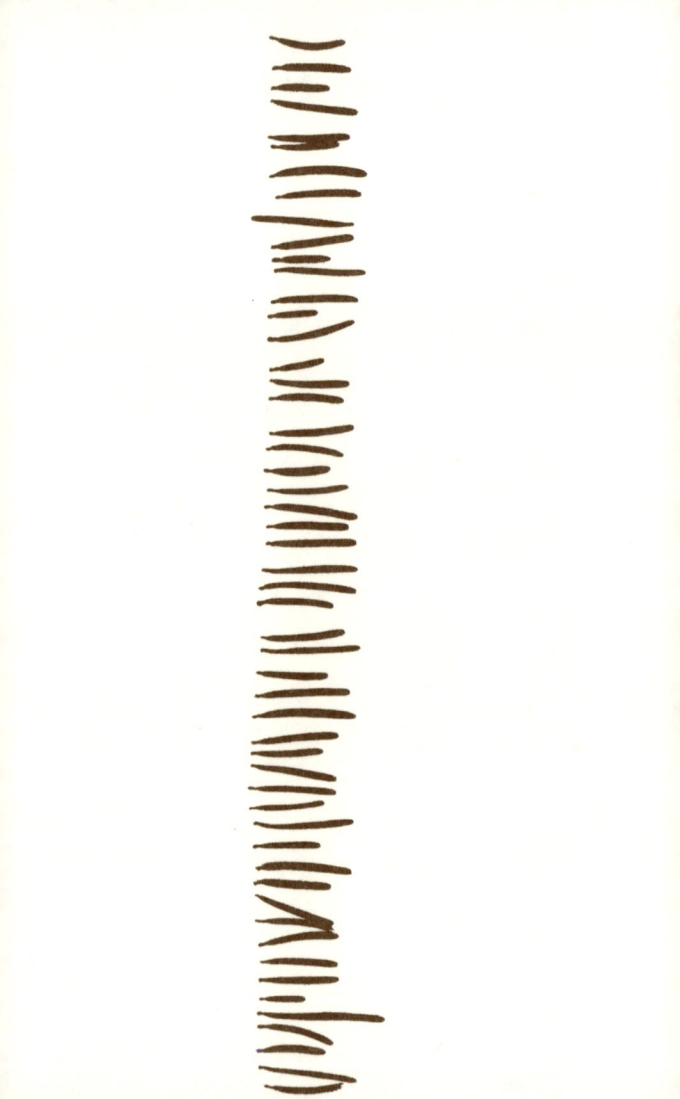

JEDES BLATT

Ich sage dir was ich sehe manchmal
Jedes Blatt einzeln am Baum oder
Aufm Kies kleine Sicheln oder wie das
Weitergeht mit mir: kurze Aufenthalte
Alles wieder zusammenpacken und fort

SARAH KIRSCH

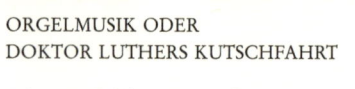

ORGELMUSIK ODER
DOKTOR LUTHERS KUTSCHFAHRT

Die Orgel fährt ein großer Wagen
Dröhnt sie durch das Land
Die zwiegeschirrten Pferde traben
Aufs Pedal gespannt
Die Flöten wirbeln Blätter auf
Sie flattern in großer Not
Und können nicht aus ihrem Geäst
Die Achsen schrein wie vorm Tod

Die Trommel zählt das Becken gellt
Vögel fallen zur Erde
Dächer wölben sich beulig auf
Lautlos scheun die Pferde
Es fallen noch Posaunen ein
Die Sonne färbt sich weiß
Wird wohl zerspringen und feurig sein
Die Mauern glühen heiß

Klarinetten Bauernfinger
Spielt jetzt ohne Blatt
Laßt die Rösser wieder springen
Bringt uns wohl zur Stadt
Da steht ein festes bemaltes Haus
Es wird uns nicht versinken
Kommen wir heil aus den Zeiten raus
Wolln wir auf euch trinken

SARAH KIRSCH

briefe

briefe briefe briefe
wir haben sie alle – geschrieben
auch die ungeschriebenen
an den mond verkauft
mit dem brandmal der sonne
mit mitternachtsschatten
schweigend
ins meer gekerbt
bambus
tod und fliedergeäst
auf fußspitzen
als schlaf
als zittergras
als cembalo
aus dem wind geschüttelt
vom himmel gesprungen
singen auf höfen
blattgold
vogeltraum
sandspiel

ELISABETH BORCHERS

FRÖSCHE IN WIEPERSBOROUGH

Nach Mitternacht und die Luft keinen Daumensprung
kühler als zu Mittag am Feldrand in
der Stille die aufgekocht wurde vom Fliegensurren

Umständlich schwarz wars um den Teich. Die Schritte
am Kies unhörbar im Froschgeknatter
Und Rüpel sind unter den Fröschen die imitieren
Menschen wenn sie Speichel tief aus dem Hals ziehn

Sie schwirren obenauf im brackigen Wasser
rutschen von den pirolgelben Fenstern aufs Dach
des kopfunter stehenden Schlosses und in die Kronen
der Eichen und drüber hinaus wo der Mond in
                                    durchscheinender
Schale am Grund liegt dem hohen Blätterbett

C. W. AIGNER

Jetzt füttert das Morgenlicht
die Blätter. Die Frösche schwirren
wieder obenauf

C. W. AIGNER

MIRZULIEBST

Laubenschattenblatt
segele
segele
mein
Laubenschattenblatt
Laubenschattenblatt
mich
segele
segele
Laubenschattenblatt
mir

CLIFF KILIAN

BLÄTTERWIND

Schon lange vor uns blies der Wind durch
die gleichen Wälder, wenn es windig war,
und ihre Blätter sprachen
nicht anders als auch heute.

Wir gehn vorbei und regen uns vergebens,
Wir stiften nicht mehr Aufruhr im Lebed'gen
als die Blätter der Bäume
oder die Schritte des Windes.

So laßt uns danach trachten, unser Mühen
hingebend der Natur anheimzustellen,
mehr Leben nicht zu wünschen
als das der grünen Bäume.

Umsonst erstreben wir den Schein der Größe.
Außer uns selber grüßt auf dieser Erde
nichts unsere Bedeutung
und dient uns willenlos.

Wenn meine Spur im Sand am Meeresufer
das Meer mit nur drei Wellenschlägen auslöscht,
was wird am hohen Strand sein,
dort wo die Zeit das Meer ist?

FERNANDO PESSOA

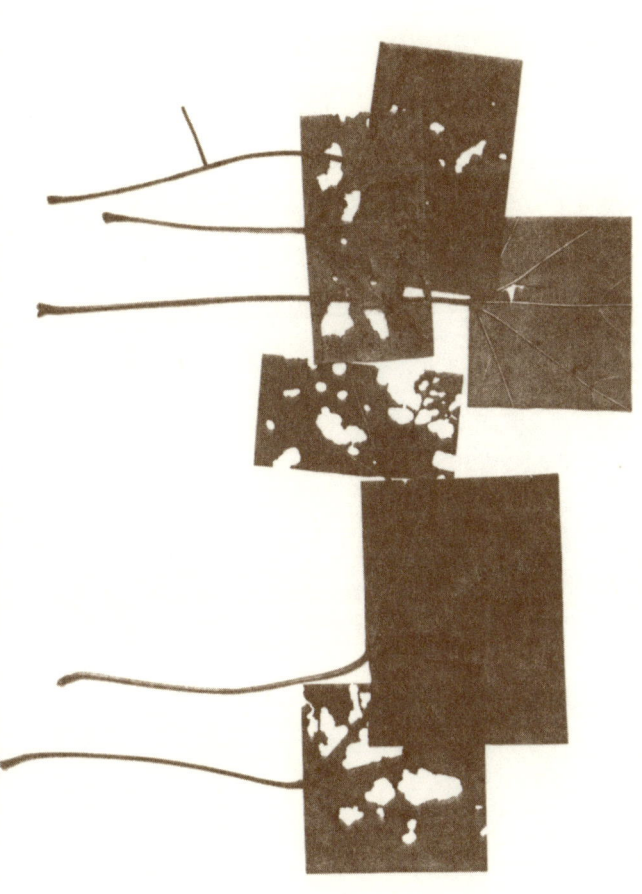

KAMERAFAHRT

Kamerafahrt: ich in einem
schwarzen Garten – Dämmergarten,
fange Blätterwerk, Wind.

Die Zigarette Zeit verglimmt
an meinem klammen Mantelkragen.

Eine Uhr steht im Haus,
schlägt: so dunkel führen die Wege
Hecke und Flieder hinaus.

JENNY FEUERSTEIN

VOM KÜSSEN DER ACHSELHÖHLE

wie sie schläft in ihren Haaren (»geborgen?« von
Gerhard Rühm)
mein Körperding auf 1 Tisch 1 Schüssel mit rohem Fleisch *1*
Fetzchen Leu Pfauenauge in linker oberer Ecke,
der untröstliche
Tag mit »Ribisel« Schwarzbeeren welken Blättern und
Brüdern (Schnees oder Flieders)

16.01.2010

FRIEDERIKE MAYRÖCKER

BLÄTTER

Blätter vor unseren Füßen
Wir nannten sie Blätter
Als die Wälder noch standen
Als der Wind noch hindurchfuhr
Was für Umwege wir machten
Wie viele Worte es gab

HANS-ULRICH TREICHEL

Verzeichnis der Autoren, Gedichte und Druckvorlagen

Sarah Kirschs *Reise mit Blättern* ist ein Originalbeitrag, geschrieben für die vorliegende Anthologie.

C. W. AIGNER (geb. 1954)

(1) Frösche in Wiepersborough 126
(2) Jetzt füttert das Morgenlicht 129

C. W. A.: Das Verneinen der Pendeluhr. Stuttgart: Deutsche Verlags-Anstalt, 1996. – Mit Genehmigung von Christoph W. Aigner, Salzburg.

RAFAEL ALBERTI (1902–1999)

Im Erlenschatten, Liebste 90

R. A.: Rose aus Asche. Spanische und spanisch-amerikanische Gedichte 1900–1950. Hrsg. und übertr. von Erwin Walter Palm. Frankfurt a. M.: Suhrkamp, 1981. – © Suhrkamp Verlag Frankfurt am Main 1960. Alle Rechte bei und vorbehalten durch Suhrkamp Verlag Berlin.

INGEBORG BACHMANN (1926–1973)

Unter dem Weinstock 111

I. B.: Werke. Hrsg. von Christine Koschel, Inge von Weidenbaum und Clemens Münster. Bd. 1: Gedichte, Hörspiele, Libretti, Übersetzungen. München/Zürich: Piper, 1978. 4. Aufl. 1993. – © 1978 Piper Verlag GmbH, München.

GOTTFRIED BENN (1866–1956)

Gärten und Nächte 75

G. B.: Statische Gedichte. Hrsg. von Paul Raabe. Zürich: Arche Verlag, 1983. – © 1948, 2006 by Arche Literatur Verlag, Zürich-Hamburg.

ELISABETH BORCHERS (1926–2013)

E. B.: Gedichte. Neuwied: Luchterhand, 1961. – © Nachlass Elisabeth Borchers, Wetzlar.

BERTOLT BRECHT (1898–1956)

B. B.: Werke. Große kommentierte Berliner und Frankfurter Ausgabe. Hrsg. von Werner Hecht, Jan Knopf, Werner Mittenzwei und Klaus-Detlef Müller. Bd. 13: Gedichte 3. Berlin/Weimar: Aufbau-Verlag / Frankfurt a. M.: Suhrkamp, 1993. [Aus: Fatzerchor 7.] (1) – Bd. 15: Gedichte 5. 1993. (2) – © Bertolt-Brecht-Erben/Suhrkamp Verlag 1995.

PAUL CELAN (1920–1970)

P. C.: Mohn und Gedächtnis. Stuttgart: Deutsche Verlags-Anstalt, 1952. 13. Aufl. 1994. – © 1952 Deutsche Verlags-Anstalt, München, in der Verlagsgruppe Random House GmbH.

CLAUDIANUS (375 – nach 404)

Lyrik des Abendlands. Hrsg. von Georg Britting [u. a.]. München: Hanser, 1953.

HERMANN CLAUDIUS (1878–1980)

Blaue Segel. Lyrik und Balladen für das fünfte bis zehnte Schuljahr. Ausgew. und hrsg. von Hans Thiel und Fritz Pratz. Frankfurt a. M. [u. a.]: Diesterweg, [1964].

ANNETTE VON DROSTE-HÜLSHOFF (1797–1848)

A. v. D.-H.: Werke in einem Band. München: Hanser, 1984. 4. Aufl.
1989.

JOSEPH VON EICHENDORFF (1788–1857)

J. v. E.: Werke in fünf Bänden. Textred. Klaus-Dieter Krabiel und
Marlies Korfsmeyer. Bd. 4: Nachlese der Gedichte. Erzählerische
und dramatische Fragmente. Tagebücher 1798–1815. München:
Winkler, 1980.

HANS MAGNUS ENZENSBERGER (geb. 1929)

H. M. E.: Zukunftsmusik. Gedichte. Frankfurt a. M.: Suhrkamp,
1991. – © Suhrkamp Verlag Frankfurt am Main 1991. Alle Rechte
bei und vorbehalten durch Suhrkamp Verlag Berlin.

JENNY FEUERSTEIN (geb. 1978)

J. F.: Lyriklos. Gedichte und Fotografien. Köln: jenny feuerstein design, 2013. – © 2013 jenny feuerstein design, silbende-kunst, Köln.

WALTER HELMUT FRITZ (geb. 1929)

W. H. F.: Gedichte. Darmstadt: Moderner Buch-Club, 1964.

EMANUEL GEIBEL (1815–1884)

E. G.: Gesammelte Werke in acht Bänden. Bd. 3: Neue Gedichte –
Gedichte und Gedenkblätter. Stuttgart: Cotta, 1883. [Aus: Lieder
aus alter neuer Zeit.]

JOHANN WOLFGANG GOETHE (1749–1832)

Goethes Werke. (Hamburger Ausgabe.) Hrsg. von Erich Trunz.
12. Aufl. München: C. H. Beck, 1981. Bd. 1: Gedichte und Epen 1.
(1) – Bd. 2: Gedichte und Epen 2. (2)

HAFIS (1326–1390)

FERDINAND HARDEKOPF (1876–1954)

F. H.: Wir Gespenster. Dichtungen. Hrsg. von Wilfried F. Schoeller.
Zürich: Arche-Verlag, 2004. – © 1963, 2005 by Arche Literatur Verlag, Zürich-Hamburg.

MANFRED HAUSMANN (1898–1986)

M. H.: Jahre des Lebens. Gedichte. Neukirchen-Vluyn: Neukirchener Verlag, 1974. – Mit Genehmigung von Bettina Hausmann, Bremen.

FRIEDRICH HEBBEL (1813–1863)

Fr. H.: Gedichte. Eine Auswahl. Mit einem Nachw. von U. Henry
Gerlach. Stuttgart: Reclam, 1977 [u. ö.].

HEINRICH HEINE (1797–1856)

H. H.: Neue Gedichte. Hrsg. von Bernd Kortländer. Nachw. von
Gerhard Höhn. Stuttgart: Reclam, 1996.

HERMANN HESSE (1877–1962)

H. H.: Sämtliche Werke in 20 Bänden. Hrsg. von Volker Michels. Bd. 10: Die Gedichte. Frankfurt a. M.: Suhrkamp; 2002. – © Suhrkamp Verlag Frankfurt am Main 2002. Alle Rechte bei und vorbehalten durch Suhrkamp Verlag Berlin.

AUGUST HEINRICH HOFFMANN VON FALLERSLEBEN (1798–1874)

A. H. H. v. F.: Gedichte und Lieder. Im Auftrag der Hoffmann von Fallersleben-Gesellschaft hrsg. von Hermann Wendebourg und Anneliese Gerbert. Hamburg: Hoffmann und Campe, 1974.

FRIEDRICH HÖLDERLIN (1770–1843)

F. H.: Werke und Briefe. Hrsg. von Friedrich Beißner und Jochen Schmidt. Bd. 1: Gedichte. Hyperion. Frankfurt a. M.: Insel Verlag, 1969.

RICARDA HUCH (1864–1947)

R. H.: Liebesgedichte. Frankfurt a. M.: Insel Verlag, 1949. – © 1949 Insel Verlag, Frankfurt am Main. Alle Rechte bei und vorbehalten durch Insel Verlag Berlin.

PETER HUCHEL (1903–1981)

P. H.: Die Sternenreuse. Gedichte 1925–1947. München: Piper, 1967. – Mit Genehmigung von Mathias Bertram, Berlin.

IBYKOS (6. Jh. v. Chr.)

Griechische Lyrik. Eine Auslese. von Karl Preisendanz. Wiesbaden: Insel, 1959. – © Insel Verlag Frankfurt am Main 1959. Alle Rechte bei und vorbehalten durch Insel Verlag Berlin.

ERNST JANDL (1925–2000)

E. J.: Gesammelte Werke. Darmstadt: Luchterhand, 1985. Bd. 1: Gedichte 1. (1) – Bd. 2: Gedichte 2. (2)
E. J.: Idyllen. München: Luchterhand, 1992. (3). – Mit Genehmigung der Luchterhand Literaturverlag GmbH, München, in der
Verlagsgruppe Random House, München.

CLIFF KILIAN

Erstveröffentlichung, mit Genehmigung von Cliff Kilian, Mainz.

SARAH KIRSCH (1935–2013)

S. K.: Sämtliche Gedichte. München: Deutsche Verlags-Anstalt, 2005.
– © 2005 Deutsche Verlags-Anstalt, München, in der Verlagsgruppe
Random House GmbH.

KLABUND (1890–1928)

Deutsche Naturlyrik. Vom Barock bis zur Gegenwart. Hrsg. von
Gunter E. Grimm. Stuttgart: Reclam, 1995.

KARL KROLOW (1915–1999)

K. K.: Gesammelte Gedichte. Bd. 2. Frankfurt a. M.: Suhrkamp,
1975. – © Suhrkamp Verlag Frankfurt am Main 1975. Alle Rechte
bei und vorbehalten durch Suhrkamp Verlag Berlin.

ELSE LASKER-SCHÜLER (1869–1945)

Heimlich zur Nacht 62

E. L.-Sch.: Gesammelte Werke in drei Bänden. Bd. 1: Gedichte 1902–1943. Hrsg. von Friedhelm Kemp. Frankfurt a. M.: Suhrkamp, 1996. – © 1996 Suhrkamp Verlag, Frankfurt am Main.

NIKOLAUS LENAU (1802–1850)

Wie Merlin 42

N. L.: Gedichte. Hrsg. von Hartmut Steinecke. Stuttgart: Reclam, 1993. S. 129–131.

FRIEDERIKE MAYRÖCKER (geb. 1924)

vom Küssen der Achselhöhle 136

F. M.: Von den Umarmungen. Gedichte. Berlin: Insel Verlag, 2012. – © Insel Verlag Frankfurt am Main 2012. Alle Rechte bei und vorbehalten durch Insel Verlag Berlin.

CONRAD FERDINAND MEYER (1825–1898)

Schwarzschattende Kastanie 50

C. F. Meyer: Sämtliche Gedichte. Mit einem Nachw. von Sjaak Onderdelinden. Stuttgart: Reclam, 1978 [u. ö.].

CHRISTIAN MORGENSTERN (1871–1914)

(1) Blätterfall 55
(2) Vom Zeitunglesen 56

Chr. M.: Werke und Briefe. (Stuttgarter Ausgabe.) Bd. 2: Lyrik 1906–1914. Hrsg. von Martin Kießig. Stuttgart: Urachhaus, 1992. (1) – Bd. 3: Humoristische Lyrik. Hrsg. von Maurice Cureau. Stuttgart: Urachhaus, 1990. (2)

NA-LAN HSING-DÖ

Chinesische Gedichte aus drei Jahrtausenden. Hrsg. von Andreas Donath. Frankfurt a. M. / Hamburg: S. Fischer, 1965. (Dt. Übers. Martin Grimm.)

NOVALIS (d. i. Friedrich von Hardenberg, 1772–1801)

Deutsche Naturlyrik. Vom Barock bis zur Gegenwart. Hrsg. von Gunter E. Grimm. Stuttgart: Reclam, 1995.

FERNANDO PESSOA (1888–1935)

F. PM.: »Algebra der Geheimnisse«. Lesebuch. Frankfurt a. M., 2010.

RAINER MARIA RILKE (1875–1926)

R. M. R.: Gedichte. Ausw. und Nachw. von Dietrich Bode. Stuttgart: Reclam, 1997. S. 81.

JOACHIM RINGELNATZ (1883–1934)

J. R.: Das Gesamtwerk in sieben Bänden. Hrsg. von Walter Pape. Bd. 2: Gedichte 2. Zürich: Diogenes, 1994.

EUGEN ROTH (1895–1976)

E. R.: Sämtliche Werke. Bd. 2: Gedichte. München/Wien: Hanser, 1977. – Mit Genehmigung von Thomas Roth, München.

PETER RÜHMKORF (1929–2008)

P. R.: Einmalig wie wir alle. Reinbek bei Hamburg: Rowohlt, 1989.
(1)
P. R.: Haltbar bis Ende 1999. Gedichte. Reinbek bei Hamburg:
Rowohlt, 1979. (2)
Mit Genehmigung von Peter Rühmkorf, Hamburg.

SAPPHO (7./6. Jh. v. Chr.)

Das Erwachen. Lieder und Bruchstücke aus der griechischen Früh-
zeit übertr. und eingel. von Manfred Hausmann. Berlin: Suhrkamp,
1949. – © Mit Genehmigung von Bettina Hausmann, Bremen.

KURT SCHWITTERS (1887–1948)

K. Sch.: Das literarische Werk. Hrsg. von Friedhelm Lach. Bd. 1.
Köln: DuMont, 1973. – © 1973 DuMont Buchverlag, Köln.

INA SEIDEL (1885–1974)

I. S.: Gedichte. Stuttgart: Deutsche Verlags-Anstalt, 1955. – © 1955
Deutsche Verlags-Anstalt, München, in der Verlagsgruppe Random
House GmbH.

THEODOR STORM (1817–1888)

Th. St.: Sämtliche Werke in zwei Bänden. Bd. 2. München: Winkler,
1951. [Aus: Jahreslauf.]

WISŁAWA SZYMBORSKA (1923–2012)

Freude am Schreiben 103

W. S.: Hundert Freuden. Gedichte. Hrsg. und aus dem Polnischen
von Karl Dedecius. Frankfurt a. M.: Suhrkamp, 1996. – © der deut-
schen Ausgabe Suhrkamp Verlag Frankfurt am Main 1996.

HANS-ULRICH TREICHEL (geb. 1952)

Blätter 138

Aus: Gespräch unter Bäumen. Gesammelte Gedichte. – © Suhrkamp Verlag Frankfurt am Main 2002. Alle Rechte bei und vorbehalten durch Suhrkamp Verlag Berlin.

TSURAYUKI (868?–946)

Seht, meine Wortblätter treiben im Winde 16

Werner Helwig: Wortblätter im Winde. Deutsche Nachdichtung
japanischer Texte. Hamburg: Goverts, 1945.

GEORG VON DER VRING (1889–1968)

In keiner Zeit 78

G. v. d. V.: Die Gedichte. Gesamtausgabe der veröffentlichten Gedichte und eine Auswahl aus dem Nachlass. Hrsg. von Christiane
Peter. Mit einem Nachwort von Christoph Meckel. 2. Aufl. Eben-
hausen bei München: Langewiesche-Brandt, 1996. – © 1996 Verlag
C. H. Beck München, vormals Langewiesche-Brandt.

Vom Blättersammeln zum Abbild
mit Licht und Schatten

So fing es an:
Ich, an der Hand meiner ersten Tochter Anna-Lotta, im
herbstlichen Stadtwald im Essener Süden, Blätter im Blättermeer; Betrachten, Bewundern, Bestaunen, Sammeln, unzählige heimtragen.
Daheim: Pressen der Blätter in Büchern, deren Inhalt welk.
Tote Bücher, fest gebunden und haltbar, füllen sich mehr
und mehr mit lebendigen Zeichen, Blatt für Blatt, Seite um
Seite.

Und alle Herbste wieder das gleiche prächtige Naturtrauer-
spiel, in reicher Fülle, in reizenden Varietäten der Gestalt,
des Kolorits und der Größe; Freude und Fassungslosigkeit.
Wieder sammeln, pressen, staunen.

Hunderte Blattstiele kragen aus den Buchblöcken, die be-
drohlich gekrümmt zu Büchertürmen emporwachsen und
eines Tages ins Taumeln geraten müssen und zusammen-
stürzen werden.

Eines trüben Herbsttags, halb aus Verzweiflung, schöpferi-
scher Laune der Natur und destruktiver Intuition, der Griff
zur Schere.
Es folgt die Tat, die gemeine Stutzung, die einfältige Be-
schneidung der schönsten Blattsilhouetten zu Orthogonen,
Rechtecken mit Stiel.
Aus mannigfaltigen, wunderschönen Naturrissen entstehen
so simpelste Scherenschnitte, Stielecke im Ergebnis, allein
durch Proportion und Größe verschieden. Einzig die Blattstiele bewahren und betonen ihre Eigenart.

Für die Idee der Schattenrisse fehlt nur noch der Schatten.
Er verbirgt sich im Gehäuse des Fotokopierers und läßt sich

bedienen. Mit viel Lichtenergie zeichnet er mir die schönsten Schattenbilder, harte, klare, pechschwarze Silhouetten, aber auch, mittels Halbtönen, sanfte, weiche Schatten, hell- und dunkelgrau.

Dem Schattenbilderkabinett dieses Büchleins liegen ausnahmslos Fotokopien oder auch sogenannte Xerographien als Bildvorlage zugrunde.
Alle unorganisch, unnatürlich anmutenden Zeichnungen innerhalb einzelner Blätter sind durch diese authentische »künstlerische Technik« oder aber durch Pressuren bedingt.
Gottlob sind nicht alle Blätter Opfer meiner Tätlichkeiten geworden.
So sind zuweilen natürliche Blattrisse und Scherenschnitte dialogisch vereint.
Für die Technik des Kopierens gilt das gleiche, was im 18. und 19. Jahrhundert die Popularität der Schattenrisse förderte: sie ist auch Dilettanten zugänglich. Dilettanten sind Liebhaber, Laien mit fachmännischem Ehrgeiz. Die Leser meiner Schattenbilder mögen diese als reinste Liebhaberei betrachten, nicht als Hobby; Hobby ist etwas ganz schreckliches, Hobby ist Zeitverteib.

Dank gilt allen meinen Kindern und natürlich der großen Mutter Natur.
Textbeihilfen danke ich vor allem meinem Kollegen und Lyrikliebhaber Claus Gröger.

U. Namislow

RECLAMS UNIVERSAL-BIBLIOTHEK Nr. 19339
Alle Rechte vorbehalten
© 1998, 2015 Philipp Reclam jun. GmbH & Co. KG, Stuttgart
Erweiterte Ausgabe 2015
Umschlaggestaltung: Ulrichadolf Namislow
Gesamtherstellung: Reclam, Ditzingen
Printed in Germany 2015
RECLAM, UNIVERSAL-BIBLIOTHEK und
RECLAMS UNIVERSAL-BIBLIOTHEK sind eingetragene Marken
der Philipp Reclam jun. GmbH & Co. KG, Stuttgart
ISBN 978-3-15-019339-6

www.reclam.de